2030 청년들에게

START UP
어떻게
도전 **할** 것인가

2030 청년들에게
Start Up 어떻게 도전 할 것인가

1판 1쇄 발행 2021년 11월 30일

저 자 윤동희
교 정 윤혜원
편 집 윤혜원

펴낸곳 하움출판사
펴낸이 문현광

주소 전라북도 군산시 수송로 315 하움출판사
이메일 haum1000@naver.com   홈페이지 haum.kr

ISBN 979-11-6440-861-0 (03190)

좋은 책을 만들겠습니다.
하움출판사는 독자 여러분의 의견에 항상 귀 기울이고 있습니다.

돌단풍 생명력, 희망

에델바이스 희망

유채꽃 쾌활, 명랑, 희망

을라만다 희망을 가지세요

데이지 희망, 평화

| Contents |

 프롤로그

 들어가면서

도전하라

쉬어가는 글

에필로그

프롤로그

취업하기 어려운 이 시대를 진단하는 과정은 과감히 생략하였다.

사회적 환경, 정치적 문제 등을 분석하기에는 너무 광범위하고
실질적으로 2030 젊은이들에게 도움이 되지 않고
아까운 시간만 낭비하는 꼴이 될 것이다.

요즘 카톡도 단문, 단답이 최고의 예절이다.
요약하여 짧게 써야 도움이 된다.
풀어 쓰면 물론 이해에 도움은 되겠지만~

시간이 돈이다.
글 읽는 시간도 아껴야 한다.
젊은이의 10분은 노인의 1년에 맞먹는다.

5분 읽고 10분 생각하는 글,
소화하기 위하여 음식을 꼭꼭 씹어 먹듯이.

들어가면서

"No"라고 말할 수 있는 용기를 갖자

반항(Resistance)하라는 말이 아니다.
나의 의견을 상대에게 분명히 말할 수 있는 용기를 갖자는 것이다.

직장에서 또는 모임에서 5번만 자기의 의견을 덧붙여
"NO"라고 말하면 분명한 자기의 개성이 각인되고 그렇지 못한
사람들에 비하여 똑똑한 사람으로 인정받게 된다.

직장 상사 또는 모든 사람을 기쁘게 해 주려고 나의 반대 의견을
말하지 못하고 우물쭈물한다면
우유부단한 행동으로 인하여 다른 사람 또는
조직에 도움이 되기보다 오히려 돌이킬 수 없는
해만 끼칠 수 있다는 것을 이해해야 한다.

"NO"라는 의견 뒤에는 논리적 근거가 따라야 한다.

논리적 근거가 없으면 단순한 반항으로 느껴 너에게
호감으로 다가오기보다는 상대하기 부담스러운 존재로
치부될 수 있기 때문에 결코 도움이 되지 않는다.

그러나 근거가 뒷받침되는 "NO"는 자기 계발의 원천이 되고

성공을 잉태하는 첫걸음이다.

5번만 "NO"라고 말해 보라.

나에게 새로운 세계가 펼쳐질 것이다.

거절 의사를 분명히 밝히는 것은 조직과 나에게

'시간 절약'이라는 효율적 행동으로 상호 발전에

도움이 된다는 것을 이해하자.

시간은 너희에게 무엇을 뜻하는가

시간은 너희들에게 가장 소중한 자산이다.

누구에게나 공평하게 주어진 자산이며
여기에는 빈부 차별도 없고 인종의 차별도 없다.

우리는 오직 자기에게만 주어진 이 '시간'을
어떻게 활용하느냐에 따라
성공한 인생을 살기도 하고 실패한 삶을 살기도 한다.

남의 시간을 빼앗는 시간 도둑이 되지 말자.

시간을 비효율적으로 사용하는 친구나 동료들에게
시간을 빼앗는 행위를 되돌아보면 자기가 자기의 시간을 얼마나
낭비하고 있는지 곧 깨닫게 될 것이다.

'하루'라는 시간을 어영부영 살면서 한 달을 지내고
일 년을 이어 가는 사람에게 우리는 무엇을 기대할 수 있겠는가?

성공하는 사람은 '하루'를 매시간 쪼개어 사용하고
심지어 10분 단위로 나누어 생활의 계획을 세운다.

성공하기를 원하는가?
그렇다면 시간을 아껴라!

그것이 성공의 지름길이며 다른 사람에 대하여
경쟁력을 가질 수 있는 유일한 방법이다.

너희들의 성공을 기원한다.

핸드폰의 메모와 카톡 기능은 성공을 위한 동반자다

전철이나 버스에서 훌륭한 아이디어나

좋은 생각이 떠올랐을 때

여러분은 어떻게 하는가?

메모하는 습관은 나를 성공적으로 이끌어 주는 좋은 습관이다.

순간적으로 반짝이며 떠오르는 아이디어나 생각들은

즉시 적어 두지 않으면 연기처럼 사라지고 만다.

사업상 또는 친구로부터 중요한 연락을 받았을 때

즉시 메모해 두었다가

집에 가서 정리해 두고 정기적으로 검토해 보라.

메모를 정리할 때 상대의 이름과 연락처는 물론 가능하면

그 사람의 취미와 습관 등등 추가 정보를 기록해 두면

훗날 다시 만날 때 참고할 수 있고

때에 따라서는

그로부터 많은 도움을 받을 계기가 되기도 한다.

정리된 메모는 성공을 위한 정보의 보고이며
정보화 시대에 없어서는 안 될 자신만의 무기이다.

쉽 없이 메모하고 정리된 메모를
비즈니스 성공과 자기 계발 계획에 적극적으로 활용하라.

메모는 성공의 지름길이다.

인생의 방향타, "나는 무엇이 하고 싶은가"

"내가 어떤 사람이 되고 싶은가?"또는

"내가 바라는 비즈니스는 어떤 사업인가?"를

결정하는 데 기초적 질문이다.

인생을 '하고 싶은 것'을 하며, 즐기면서 살아야 하지 않겠는가?

하고 싶은 것을 즐거운 마음으로 행동해야

비즈니스도 더 집중하여 효율적으로 관리할 수 있다.

음악을 즐기면 피아노나 바이올린 등 악기를 다루며 연주자로

또는 목청을 다듬어 가수로 인생을 즐기며 살아갈 수 있다.

또한, 즐기되 생각의 방향을 바꾸면 나의 운명도 바뀐다.

여러 사람이 모여 대화를 즐기는 경우

잡담과 음담패설로 시간을 보낸다면

앞을 바라볼 수 없던 사람도

이를 토론으로 생각을 바꾸면

정치가로 입문할 기회가 생기고

자기가 좋아하는 분야의 전문가로 인정받을 수 있다.

단순히 즐기기 위하여 '게임 하고 싶다.'라는 생각을
이 게임이 "왜?" "어떻게?" 우리를 즐겁게 하는지
생각을 바꿔 보라.

게임이 어떻게 제작되며
어떤 요소를 더하면 더 재미있는 게임이 될 수 있을지 등등
계속해서 떠오르는 의문을 해결하다 보면
어느샌가 '게임 전문가'로 인정받게 될 것이다.

내가 사람들과 잘 사귀고 말을 잘한다면
보험회사 또는 관심 분야의 컨설턴트가 되어 보라.

나에게 손재주가 있어
무엇이든 만드는 것을 즐긴다면 계속 만들어 보라.
생활에 도움이 되는 기구도 좋고
아이들이 좋아하는 완구도 좋다.
아니면 항아리 또는 질그릇도 좋다.

어떤 분야이건 내가 즐기며 열심히 매달리다 보면

어느새 숙련되어 전문가가 되고
나는 '성공의 길' 위에 서 있음을 깨닫게 될 것이다.

문제는
내가 무엇에 어떤 것에 미쳐 나의 열정을 불태울 수 있느냐.
순간순간 심심해서 시간을 때우기 위하여 즐기는 일은
진정으로 내가 좋아하는 것이 아니라
값진 나의 '시간'이라는 자산을 낭비하고 있다는 것을
이해해야 한다.

자신에게 내가 무엇이 하고 싶은가를 다시 물어보라.
그 대답은 내가 앞으로 "어떤 사람이 될 것인가?"라는
미래 목표를 설정하는 데 기초적 질문이다.

내가 '하고 싶은 것'을 한다는 것은 몸과 영혼을 다하여
주어진 시간을 효율적으로 미래에 투자할 수 있는
가장 좋은 방법이다.

답을 구하라.
"내가 무엇이(을) 하고 싶은가?"

02
CHAPTER

도전하라

도전하라 ① 나는 지금 어떤 위치에 있는가

무턱대고 도전할 수 없다.

내가 설정한 목표가 있어야 항해를 시작할 수 있지 않겠는가?

그렇다면 나는 어떤 목표를 세워서

어떻게 추진할 것인가를 생각하지 않을 수 없다.

그러기 위하여 현재 나의 위치, 나의 주변 상황을

점검하고 살피는 일이 우선이다.

1. 취업 준비 중인가?

2. 어떤 사업을 구상 중인가?

3. 어떤 연구에 착수하려고 하는가?

4. 재직 중인 회사에서 진급을 꿈꾸고 있는가?

또, 내 목표를 향해 일을 추진하는 데 필요한 조건들~

1. 내가 즐겁게 추진할 수 있는가?

2. 이 일을 하는 데 나의 장점은 무엇이고 단점은 무엇인가?

3. 내가 동원할 수 있는 인적 자원과 물적 자원은 어떤 것인가?

4. 이 일에 충분한 시간을 할애할 수 있는가?

또, 사회 환경이

1. 도전하기 적절한 시기인가?

2. 도전하는 데 위험 요소는 무엇인가?

3. 관계 기관으로부터 인허가를 받아야 하는 사업인가?

4. 기타 특수한 자격 또는 요건이 있는가?

이러한 것들을 메모지에 적어 놓고 항목마다 점검해 보라.

그러나 위험 요소 또는 나의 단점 등
부정적 사항이 많다고 하여 걱정할 것은 없다.
당신의 목표가 뚜렷하다면 해결 방법이 있기 때문이다.

목표를 향한 당신의 열정은 넘지 못할 산이 없다.
다만, 이를 보완하기 위하여 시간이 조금 더 필요할 뿐이다.

우리는 도전하지 않으면 아무것도 얻을 수 없다.

준비가 되었으면 망설이지 말고
나의 목표를 향해 과감히 도전하라.

그러나 모든 일에는 먼저 해야 할 일과

뒤에 해야 할·일이 구분되고 또, 완급 조절도 필수적이다.

이에 따르는 스트레스 해소와 적당한 휴식 등도 필수 요소다.

건강이 우선이기 때문이다.

힘차게 도전하자!

도전하라 ② 계획은 곧 성공이다

사람들은 흔히 성공하지 못한 것에 대하여

① 나의 재능 부족 ② 주변 환경에 그 이유를 돌리려 한다.

그러나 이것은 잘못된 주장이다.

따지고 보면 나의 실패는 모두 '계획이 없었다'는 것에 기인한다.

나의 재능 부족은 적절한 교육과 훈련을 통하여 해결할 수 있다.

먼저 목표에 필요한 훈련·단련 계획이나

교육·학습 '계획'을 수립하라.

자격 취득, 면허 취득 등 이와 유사한 개인적인 일들은

먼저 계획을 세워 해결하지 않으면 안 된다.

취업에 필요한 응시 요건을 갖추지 못했다면

응시할 수 있겠는가?

주변 환경을 살펴보자.

인허가 사항, 등록 사항, 신고 사항 등

관계 기관과 직결되는 문제는

내가 최소 1~3년 또는 그 이상 기간의 계획을 세운 이후라야

해당 기관에 등록, 신고 또는 인허가를 얻을 수 있다.

아무 계획 없이 사업자 등록할 수 없으며

신고 또는 인허가를 받을 수 있겠는가?

계획은 나의 목표 지점까지 가는 고속도로나

KTX 철로를 건설하는 것에 비유된다.

물론 고속도로에 휴게소도 필요하고

철로에 간이역도 설치할 필요가 있다.

그러나 중요한 것은 처음부터 부산~시베리아까지

멀고 먼 여정을 세우지 말고

처음 1~3년의 계획으로 시작하라.

'첫 계획'을 성공하기 위하여

하루하루 열정을 다하여 노력하면

일주일의 노력이 성과로 쌓이고

마침내 1~3년의 성과를 볼 수 있다.

목표 없는 생활은 성공할 수 없다.

전날, 내일의 계획을 세워 매일매일 노력하라.

물론 1~3년의 계획은 내 인생의 종착역이 되어서는 안 되겠지만

서울~부산 KTX 철길에 수원역쯤 된다고 생각하라.

중간역들은(1년 계획 경우)

영등포역, 구로역, 안양역을 두는 것처럼

1개월 또는 1주일 단위로 성과를 점검하고

내가 바라던 목표를 향해 잘 가고 있는지

수정이나 보완할 사항은 없는지 점검하라.

필요하면 '휴식'이라는 보약으로

스트레스를 해결할 기회도 가지라.

1년 계획 바탕 위에서

월간 목표, 주간 목표, 일간 목표를 수립하되

가능하면 매시간 목표를 세워라.

시간을 소중하게 생각하는 사람들은

10분 단위로 나누어 사용한다.

젊었을 때 10분은 노인의 하루와 같다.

1년 계획을 잘 마무리하면 이미 나에게 생활 패턴이 습관화되고
목표를 향한 열정과 더불어 나의 목표에 대한 자신감과
함께 일에 대한 즐거움을 느끼게 될 것이다.

내가 갖는 자신감과 일에 대한 즐거움은
지난 1년간 내가 쏟은 땀과 노력에 대한 보상이며
성공이 눈앞에 있다는 긍정 신호다.

머뭇거리지 말고 나의 1년을 계획하라.
계획은 *성공의 어머니다.*

1년 후 달라진 당신의 모습에 스스로 놀랄 것이며
당신에 대한 주변의 달라진 시선도 느끼게 될 것이다.

이제 당신은 자신감으로 무장하여
성공한 사람들의 반열에 우뚝 서 있다.

계획하라!
나의 미래, 나의 인생을 설계하라.

도전하라 ③ "Just Do It!"

계획했으면 실행하라.

아무리 좋은 계획도 실행하지 않으면 꿈에 불과하다.

당신은 피나는 노력 없이 성공할 수 있다고 생각하는가?

우리들의 사회 환경은 전쟁터이다.

개인 간의 경쟁, 지역사회의 갈등과 경쟁, 국가 간의 무역 전쟁,

종교 간의 갈등, 이념 전쟁 등등 헤아릴 수 없는 장애물들이

상존하는 전쟁터이다.

당신의 목표를 향한 항해에 어찌 순풍만 있겠는가?

항상 나의 행동 방침을 세우고 내가 만든 계획표를 생각하며

남보다 몇 배 더 노력하라.

운동선수가 연습과 체력 단련을 열심히 하면

우수한 선수가 될 확률이 더 커지지 않겠는가?

당신의 성공은 당신 스스로 만들어야 한다.

설사 부모라 할지라도 다른 사람이

당신의 성공을 만들어 주는 것이 결코 아님을 명심하라.

실행하지 않으면 즉, 혼신을 다하여 노력하지 않으면

고속열차를 놓치고 완행열차를 타는 것과 같다.

어쩌면 간이역에 내려 되돌아올 수 있다는 것을 명심하라.

정성을 다하여 매일매일 노력하다 보면

기회가 운명처럼 다가온다.

당신의 성실함을 관찰한 사장님이 승진의 기회를 줄 수 있고

당신이 사업가라면 기업을 확장할 기회가 오지 않겠는가?

정직하고 성실한 사람에게 어떤 형태가 되었건

보상이 주어진다는 것을 믿어라.

실행하라.

당신의 목표를 향해 (영혼을 바쳐) 성실히 임하라.

당신의 계획과 노력의 땀이 만나는 교차로에서

기적을 만나는 계기

즉, '행운의 기회'를 맞을 것이다.

기회는 열심히 실행하는 당신의 것이다.

"Just Do It!"

정직하게, 성실하게, 억척스럽게, 끈덕지게.

도전하라 ④ 성공을 위한 행동 전략

나의 행동은 모두 나의 목표 및 성과와 직결된다.

행동 전략을 요약하면

① 어떻게 시간을 절약하느냐?

② 나 자신을 어떻게 '세일(Sale)'하여

남(고객)에게 빨리 인정받느냐이다.

다음 과정을 착수하기 위한 선결문제 즉,

① 고객과 소통하는 문제

② 나 자신을 홍보하는 문제

이와 같은 중요한 문제들은 우선으로 처리해야 한다.

덜 중요한 일이나 일상적 일들은

주위에서 가능한 보조자를 구하여 업무를 분담하면

시간을 효율적으로 사용할 수 있다.

시간제 아르바이트를 구할 수도 있고

가족이나 친구 또는 친척에게 도움을 요청할 수 있다.

시간 절약에 관하여 살펴보자.

"시간은 돈이다."라는 진리는 **변하지 않는 진리**다.

당신의 연봉을 52주로 나눠
그 결괏값을 7로 나누면 하루가 얼마나 될까?
다시 위의 값을 24시간으로 나누고 그 값을 60분으로 나누면
당신의 1분이 얼마나 중요한지 알게 될 것이다.

역설적으로 이것은
당신이 소속한 집단에서 받는 월급에 대하여
그만큼 봉사하고 있는가를 되돌아볼 기준이 된다.

그만큼 시간은 당신과 소속한 집단에 중요한 자산이다.

나의 값어치를 높이려면 시간당 효율을 높여야 하는데
결론적으로 말하면 더 **열심히** 해야 한다.

나 자신을 다른 사람에게 세일(판매)하는 문제를 살펴보자.

당신이 사회생활을 하는 동안 항상 주변에
'당신'이라는 상품을 판매하고 있다는 사실을 잊어서는 안 된다.

직장을 구하려고 노력하는 사람은
자기만의 특별한 능력을 보여 줄
기회를 많이 만들어야 한다.

만약 승진을 바란다면 사장에게
당신의 능력 또는 재능을 보여
사장님으로부터 인정받도록 해야 한다.

이것이 '당신'이라는 상품을
타인에게 판매하는 행동 전략이다.

평소 당신의 거친 말투와 행동
비도덕적이고 몰상식적 언행을 보여 왔다면
누가 당신에게 호감을 느끼겠는가?

게으르며, 부정적이고 비관적 생각, 파괴적 행동 등은
적을 만들어 그들이 당신을 미워하고 혐오하도록 만든다.

즉, 당신의 성공에 전혀 도움이 되지 않는다.

사람들이 당신에게 호감을 느끼고 대하며
매사에 협조해 주도록 유도하는 것이 성공의 최고 전략이다.

또, '성공한 사람처럼' 행동하면
나도 성공한 사람이 될 수 있다.

왜냐하면, 성공한 사람들은 항상 긍정적이며
낙관적으로 행동하며 겸손하고 상대를 배려할 줄 알고
부드러운 인상을 갖추기 때문이다.

내가 더 얻기 위해서는
먼저 주어야 한다는 것을 잊어서는 안 된다.
그것이 노력이건, 재능이건, 사랑이건.

그러나 이러한 나의 행동이 목적을 위한 일시적 행동
즉, 가식적이거나 허위적인 행동이 되면
나의 신뢰는 한 번에 녹아 없어진다는 것 또한 명심하라.

항상 나보다 조금 더 똑똑한 사람들,

내가 목표하는 분야에서 한발 앞선 사람들과 어울리고
그들이 나의 '행동 모델'이 되도록 해 보라.

그러면 이미 성공한 사람들을 만날 기회를 많이 얻게 되고
그들로부터 유익한 정보를 얻을 기회가 많아진다.

당신은 어떤 행동 계획을 세우겠는가?

항상 친절하게 행동하라.

겸손하라.

성실하라.

긍정적으로 생각하라.

나는 '행복한 사람'이라고 믿어라.
이제 당신은 성공할 수 있는 사람이니까!

도전하라 ⑤ 어떤 사람을 만날 것인가

"사람은 서울로 보내고 말은 제주도로 보내라."라는 말이 있다.
훌륭한 말을 키우기에 좋은 곳은 제주도고
사람이 출세할 기회를 많이 만날 수 있는 곳은
서울이라는 뜻이다.

매사 모두가 이와 같다.

내가 하려고 하는 일도 환경이 뒷받침해 주어야 하고
인력 자원이나 전문 정보가 풍부하며
관련 자재나 재료를 쉽게 얻을 수 있는 곳이
성공하는 데 도움이 된다.

축구를 하려면 유럽 에이전트를 만나고
야구는 미국 에이전트를 만나야
성공할 확률이 올라가지 않겠는가.

최신 정보가 넘치는 '실리콘 밸리'는
첨단 전자 산업 종사자에게 좋은 환경이고

배를 만드는 조선 산업에 종사하는 사람에게는
한국의 '조선 산업 단지'가 제격이다.

당신이 꽃을 좋아하여 관련 사업을 꿈꾸고 있다면
화훼 단지 옆으로 가라.

당신이 '프랑스 요리 식당'을 생각하고 있다면
프랑스 요리 전문점이 많은 곳을 택하라.
'차이나타운'이 아니라 한국의 '프랑스타운'이
조성될 수 있지 않겠는가?

이처럼 각종 산업단지 또는
각 전문분야 산업이 몰려 있는 곳은
관련된 정보가 많을 뿐 아니라
필요한 자재나 재료도 손쉽게 구할 수 있어
사업상 시간을 절약할 수 있고
관련 산업에 종사하는 우수한 인력을 구하기 훨씬 용이하다.

외딴 섬 지역보다 각종 생활 여건이 잘 갖추어진
내륙에서 생활하는 것이 편리하지 않겠는가?

중요한 것은 내가 성공하기 위하여
'어떤 사람을 만나야 하느냐'다.

나 혼자 사업을 한다거나 비싼 인건비 때문에
무인점포로 사업을 계획한다면
사업의 확장성이 의심되므로 여기서는 논할 가치가 없다.

관련 산업에 식견이 많고 훌륭한 인품을 가진 동반자 또는
종업원을 만날 수 있다는 것은 당신에게 큰 행운이다.

나보다 조금 더 앞선 사람들과 교류하라.
한 계단 한 계단 오르다 보면 전문가와 교류할 기회가 생기고
궁극적으로 나도 전문가로서 명성을 얻을 수 있다.

관련업의 단체 활동에 적극적으로 참여하라.
동종업체의 단체 활동은 회원들의 권익 보호와
권익 신장을 위하여 중요한 역할을 하며
각종 회의와 긴밀한 협조로 유용한 정보 교환은 물론
당신을 알리는 중요한 수단이다.

자선 단체에 가입하거나 단체를 만들어라.

좋은 일을 했다는 보람과 자부심으로

당신의 품격을 높일 수도 있고

당신을 홍보하는 데 크게 기여하며

좋은 사람을 만나는 계기가 된다.

언론의 관심을 얻을 수 있다면 당신의 목표를 이루는 데

비행기 '티켓팅'이 완료되었다고 보면 된다.

결론적으로 말하면 사업의 주체는 사람이고

객체인 목표 달성은 경영자의 아이디어 및 치밀한 계획,

끈질긴 집념, 그리고 이를 뒷받침하는 동반자들의 성실한 노력이

좌우한다는 것을 이해하여야 한다.

좋은 사람을 만나도록 노력하라.

도전하라 ⑥ 일에 대한 열정

인생을 두 번 경험하는 사람이 있는가?
성공하는 사람이 따로 있는 것이 아니다.

나도 성공할 수 있다는 자신감은
나의 일에 대한 열정에서 나온다.

일에 대한 열정이 없으면 자신의 능력도 잠들게 하고
새로운 정보, 새로운 기술 등을 받아들이는 두뇌를 녹슬게 하여
자신을 무능한 인간으로 퇴화시킨다.

일에 대한 열정이 대단했던 사람 중에는 나이와 교육 수준
심지어 인종의 벽을 뛰어넘어 성공한 예들이 수두룩하다.

29세에 사업을 시작하여 백만장자가 된 사람도 있고
66세에 사업을 시작하여 70세가 넘어서 부자가 된 사람도 있다.

학위나 또 다른 조건이 갖추어질 때까지
기다릴 필요는 없다.

대학 졸업장이 없어도

허름한 창고에 시작했던 작은 기업을

대기업으로 발전시킨 사례도 많다.

이 모두가 일에 대한 열정으로

좋지 못한 환경을 극복했던 사례들이다.

건강도 특별한 장애가 될 수 없다.

조금 불편하다는 것뿐이다.

역사에서 '헬렌 켈러'의 업적도 보았고

우리 주변에는 눈이 보이지 않는다는 조건을 극복하고

유명한 가수가 된 사람도 있지 않은가?

일에 대한 열정이 있는 사람은 어떤 조건도 극복한다.

자기의 운명을 지배하는 사람은 타인이 아니라

자기 자신이라는 것을 알고 있기 때문이다.

가장 큰 장애물은 나의 게으르고

부정적 사고에 갇혀 있는 '나 자신의 마음'이다.

꾸준히 나 자신을 통제하라.

성공은 하루아침에 우연히 이루어지는 것이 아니다.

문제의 마음의 벽도 일에 대한 열정이 있고
해결하지 **못한다**는 부정적 사고를
해결**할 수 있다**는 긍정적 생각으로 바뀔 때
번쩍이는 새로운 발상(아이디어)이 나온다.

중요한 단서는 이 지구상에 있는 모든 장벽은
허물어지기 위하여 존재한다는 사실이다.

과학 기술이 점점 발달하면서 사람이 하던 일을 로봇이 하고
꿈꿔 왔던 우주여행이 가능하지 않은가?

당신처럼 모두가 불가능하다고 생각했던 일 앞에 앉아
열정을 다하여 노력하고 있지 않은가.

'하지 못할 일은 없다'는 신념만 있다면
'내 마음의 병'도 치유가 가능하다.

당신의 열정이 답이다.

정신적 한계를 극복하는 데는 나의 과거 경험 중

어려움을 극복했던 사례를 떠올리거나,

눈물 흘리며 고생했던 당시를 회상하며

새로운 아이디어를 생각해 보거나

잠시 현 상황을 머리에서 지우고

멀리서 새로운 시각과 방향에서

문제를 관조하는 것도 도움이 된다.

일단 정신적 장애를 극복하고 나면

안정적인 상태로 돌아와

큰 만족감과 자부심이 당신을 행복하게 해 줄 것이다.

드디어 당신에게 기적이 일어난 것이다.

열정을 쏟아부어라!

내 마음속의 장애물을 제거하라!

도전하라 ⑦ 높이, 더 높이 도약하라

한 번뿐인 내 인생

당당하고 품위 있고 즐겁게 살 것인가?

아니면 어영부영 세월에 내 인생을 맡기고

그날그날 되는 대로 살아갈 것인가?

당신이 실직자가 아니라도 이 세상에서

일하는 즐거움에 견줄 만한 즐거움은 없다.

세계 여행도, 여가 시간의 즐거움도

모두 '돈'이 있어야 하기 때문이다.

어떤 즐거움 뒤에도 시각에 따라

고통이 따른다는 것은 상식이다.

우주여행도 현재로서는 생명을 담보하는 모험이며

경험해 보지 못한 두려움마저 따르지 않는가?

크루즈 여행도 오래 하면 어떨까?

운동하는 즐거움도 마찬가지다.

그러나 농부가 일 년 내내 일하며 농작물을 가꾸는 것은

'일'이지만 수확하는 기쁨으로 보상받는다.

월급날이 그렇고 사업의 성과도

일에서 얻을 수 있는 최상의 즐거움이다.

돈을 벌어야 하는 이유 즉, 동기는 많다.

의식주 해결을 위한 생존 본능 이외에도

즐겁게 살자는 욕구

또는 어떤 특수한 목적을 위한 특별한 동기도 있다.

각설하고, 이제 나의 첫 번째 계획(1~3년의 계획)이

잘되었다는 생각이 들면

"정말 수고 많았다."라고 칭찬해 주고

나 자신의 **노력에 감사**하는 시간을 갖자.

여행도 가고, 평소 먹고 싶었던 고급 요리를 사 먹어도 좋고

새로운 양복을 구입하여 자신을 위로하라.

이는 미래의 나에게 더 높이 도약할 수 있는 용기와

추진력을 더해 주기 위함이다.

긍정적이건 부정적이건 '나를 움직이게 하는 힘'

즉, 나에게 동기를 부여함으로써

일에 대한 '열정의 에너지'를 재충전하기 위함이다.

굶주림을 모면하기 위한 부정적 동기도

세계 여행을 꿈꾸는 긍정적 동기도

나를 움직이게 하는 데는 큰 차이가 없다.

얼마나 절실한가의 온도 차에 달려 있다.

대학 입시를 준비하고 있다면 한 번쯤 도서관을 빠져나와

내가 원하는 대학 캠퍼스에서 그 대학의 학생처럼

체험할 기회를 가져 보라.

강의실도 들러 보고 농구 코트에서 즐기며 공을 다루어 보라.

캠퍼스 곳곳을 누비며 학교 시설도 살펴보고

중앙 광장이나 나무 그늘 밑 벤치에 앉아

연인과 달콤한 대화를 나누는 것도 상상해 보라.

꼭 대학에 합격해야겠다는 생각이 들며

자신을 채찍질하는 계기가 되지 않겠는가?

그동안 Start Up으로 새로운 일에 정신없는 시간을 보냈다면

가족들과 함께 최고급 호텔로 가라.

당신도 성공한 사람들의 생활을 직접 체험할 필요가 있다.

아늑한 침실, 잘 꾸며진 체력 단련실

호화롭고 우아한 분위기의 로비

맛있는 음식과 여러 가지 과일이 있는 뷔페식당

피로를 한 번에 풀어 줄 듯한 사우나~

예약일로부터 2~3일간 체류하며

체험한 상류 사회를 어떻게 느꼈는가?

아마도, 앞으로 성공한 사람으로 계속 인정받고

이 생활에 빨리 적응하고 싶다는 생각이 들 것이다.

동시에 일에 대한 열정의 강도 또한 높아지지 않겠는가?

그렇다면 이제는 도약할 준비가 되었다.

① 상류 사회 생활을 체험하면서

다음 단계 목표를 계획하는 데 설계 기준이 높아졌다.

② 초기의 시행착오와 몇 번의 계획 수정 등을 통하여
이제는 많이 훈련되었고 성공을 위한 기술도 향상되었다.

③ 첫 계획을 시행하면서 겪었던
마음의 장애를 극복하는 방법도 터득하였다.

④ 익숙해진 나의 행동 계획에 따라
사람을 상대할 때 드러나는 숙련된 모습과 스타일, 말씨, 행동 등
사업가로 변화한 모습에 스스로 놀랄 것이다.

⑤ 원하는 정보를 얻는 방법도 알게 되었고

⑥ 인맥도 안정되게 관계가 성립되어 있다.

이제는 어떤 장벽이든 피하기보다는 부딪히며
일을 진정으로 즐기면서 높이, 더 높이 도전할 단계가 아닌가?

처음처럼 다시 시작하자.

첫 번째 계획을 시행할 때 느꼈던 불안한 심리는 사라지고
어느새 자신감으로 무장된 당신은
가벼운 마음으로 새롭게 출발할 수 있다.

1~3년의 첫 계획이 이층집에서 사는 것이었다면

두 번째 계획은 삼층집이 아니라 고층 건물을 세우거나

저택에서 사는 삶을 설계하라.

꿈은 가능하면 클수록 좋다.

100층 건물을 계획했다면

늙기 전에 50층 건물은 세울 수 있을 것이고

저택을 꿈꿔 왔다면 늙기 전에

고급 주택은 가질 수 있을 것이다.

더 높이 도전하기 위한 순서

① 나는 지금 어떤 위치에 있는가를 살펴라.

② 도약하기 위한 치밀한 계획을 세워라.

③ 미루지 말고 곧바로 시행에 옮겨라.

④ 행동 계획을 재정립하라.

⑤ 도약하기 위하여 누구의 도움이 필요한가?

⑥ 일에 대한 열정을 놓아서는 안 된다.

당신의 성공을 기원한다.

한층 더 높아진 당신의 사회적 지위와

품위 있는 모습이 보고 싶다.

God bless you.

쉬어가는 글

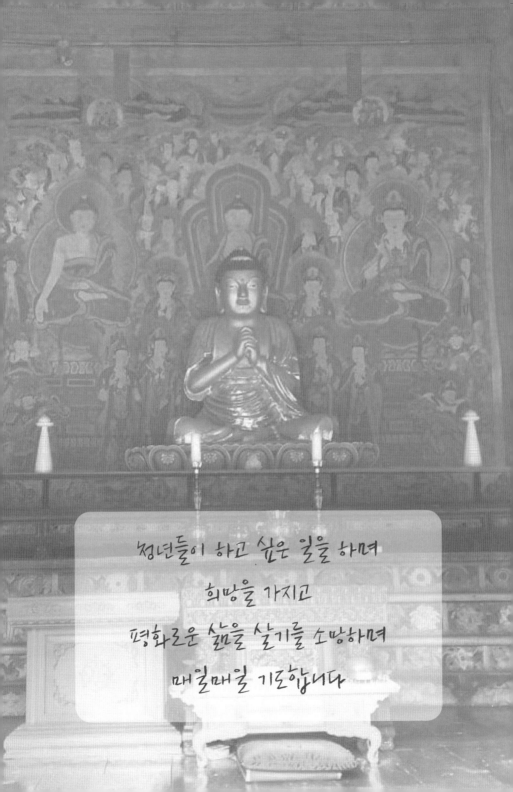

청년들이 하고 싶은 일을 하며

희망을 가지고

평화로운 삶을 살기를 소망하며

매일매일 기도합니다

코로나 일상 — 여래사 가는 길

코로나 팬데믹 이후, 언제부터인가
새벽길 여래사를 오가며 외우는 주문은
"고양시 마두동 745분지 투쿡스 대표
신해생, 윤강진의 사업 번창을 기원합니다."

비우며 살자고 다짐 또 다짐해 보지만
아비 눈에는 처자식을 거느린 아들이
항상 부족해 보이는 것은 어쩔 수 없나 보다.

아비의 욕심이 과한 것일까?
아니면 아비의 사랑이 부족했던 것일까?

만족하지 못하는 아비의 마음이 천근만근이구나.

기나긴 장마, 비바람과 무더위를 지나
어느덧 가을의 문턱에 다가서 있지만
거두어야 할 곡식은 아직 보이지 않고

희뿌연 안개 속이니 가슴이 답답하기만 하다.

여래사 가는 길~ 이것이 우리를 버티고 있는 기둥이고
부처님 어깨에 기대는 중생들의 마음인가 보다.

나무아미타불

나무아미타불

나무아미타불

나무 관세음보살

코로나 일상 — 멀어져 가는 가족들

새장 같은 아파트 좁은 공간에서 살아온 지
벌써 1년 반이 넘었다.

숨 막힐 듯한 마스크 착용은 마치 산소결핍증에 걸릴 듯하고
여름 더위에 지친 몸은 천근만근 무겁기만 한데
오늘도 전해진 코로나 확진자 소식은 마음을 불안하게 한다.

어느 대갓집 가사도우미가
초청한 손님들과 함께 집에서 식사하는 모습 사진을 찍어
경찰에 고발했다는 소식이 들려오는 세상이 되었으니
이러한 불신의 세태를 언제, 어떻게 헤쳐 나가야 하는지
도무지 앞길이 보이지 않는다.

가족들과 교류를 끊고 살아온 지 벌써 1년이 지났는데
올해 추석은 또 어떻게 보내야 하나?

문중 행사는 고사하고

가까운 조상을 찾아뵌 지도 오래되었다.

올해에도 가족들이 모여 성묘하기는 글렀고

몸이 떨어져 있으니 마음도 멀리 있어 서먹서먹하다.

점점 정이 메마르고

마치 고된 사막을 걷고 있는 듯한 삭막함마저 느끼게 한다.

육신의 아픔이야 의사에게 맡기면 되겠으나

코로나가 불러온 마음의 상처는

어떻게 치유해야 하는지 알 수 없다.

질관청에 국민의 *코로나 마음 병* 치료를 신청해야 하겠다.

코로나로 깊어진 아프고 서글픈 불신의 사회 현상을

수년 내 치유할 수 있다는 희망을 주지 못하고 있다는 상실감에

숨 막히는 답답함을 느낀다.

코로나 일상 ― 오~랜 기다림의 세월

우리나라 코로나는 똑똑하여 밤과 낮을 가릴 줄 알고
심지어 시간대별로 활동한다는 우스갯소리가 있다.

'일각이 여삼추'라 하지 않았던가?
아들네 가게(소상공인들)에서 보내는
하루가 이렇게 지루할 수 없다.

손님이 없으니 시간은 더디게 가고
땀 없는 마른 몸에는 피로가 쌓여
어깨를 짓누르고 한숨만 나온다.

땀 나도록 일해야 일하는 보람도 있고
신체 기능도 원활하여 건강도 지킬 것인데
두 눈 뜨고 하늘만 멀뚱멀뚱 손님 오기를 기다린다.

가는 세월 붙들지 못하고 나이만 들어가니
이 허무한 날들이 쌓이고 쌓여 살아갈 걱정이 태산이다.

심리적 타격과 쌓인 육체의 피로가
만성질환으로 옮겨지지 않을까 걱정된다.

당장 눈앞에 있는 코로나보다 노년의 삶이 훨씬 더 염려스럽다.

세상은 어울려 움직이는 것인데
코로나 방역 지침으로 '생활 속 거리 두기'란 미친놈을 만들어
법으로 제재하니 세상이 온통 거꾸로 가도록 만들어 놓았고
만사가 혼돈의 시대로 변해 버렸다.

소나무 숲에 바람이 아울러 지고 봄비가 찾아와
아름다운 숲길로 만들어지지 않는가.

또 가을이 되면 각종 단풍이 아울러지고
잔잔한 호수 위에 물안개가 피어오르는 모습~

이 얼마나 평화롭고 아름다운 정경들인가?

숲길에 솔바람이 없게 하고
호수 위에 물안개가 피어오르지 못하도록 해 놓았으니
정상적인 세상이 아니다.

오랜만에 추석을 지나 10월 말쯤이면

WITH CORONA 방침을 세워 그동안 만들었던

각종 규제를 줄이겠다는 소식이 들려오기 시작했다.

그동안 누차 쌓여 온 방역 실패로

불신하는 국민들은 아직 믿지 못하고

질관청의 코로나 확진자 숫자도

얼핏 어떤 목적을 위한 것 아닐까 의심하는 눈치다.

생각해 보라.

바람과 호수가 어우러지고

숲과 잡초가 어우러져 있다.

꽃과 나무들이 어우러지고

길 위에는 사람과 반려견도 어울린다.

꽃이 예쁘냐고 물으면

꽃잎과 잡초가 어우러져 더 예쁘다고 말하고

숲길은 사계절 절기마다 변화시키는 것들이

어우러져 아늑한 숲길이 되며

호수는 연꽃과 관상용 잉어 등이 어우러져

우리들의 휴식을 돕지 않는가.

세상은 이 모든 것들이 어우러져
조화를 이룰 때 아름답다.

친구와 연인이 어울리고 형제자매가 어울려야 하며
가족들이 헤어지지 않고 함께 어울려 사는
세상이 되어야 하지 않겠는가?

참고 견디며 긴~ 세월을 기다려 왔다.

기다림의 시간이 끝나고 평화롭고 즐거운 일상으로
빨리 복귀했으면 좋겠다.

코로나여, 떠나거라.
우리는 네가 없는 세상이 좋다.

"떠나기 싫으면 감기처럼 우리와 함께 어울리며 살자."

코로나 일상 — 가을이 오는 길목

여래사 가는 길 새벽바람이 제법 서늘해졌다.

어제까지만 해도 반팔 티셔츠에

반바지 차림이 아무렇지 않았는데

어쩌면 사람들이 갑자기 다른 모습으로 변할까?

먼동이 트기 전 가로등 밑에서 느끼든 감정과 사뭇 다르다.

먼동이 어두움을 제치면 보행길 가로등이 꺼지고 돌아오는

호수누리 길가에 어우러진 꽃과 잡초뿐 아니라

일찍 떨어진 나뭇잎들이 발길에 차여 뒹군다.

제법 많은 사람이 바람막이 점퍼를 허리에 두르고

더러는 모자를 쓴 사람들이 있어

나의 반바지 차림새가 어색해졌다.

아직도 저녁에 선풍기를 켜 놓고 잠을 청하지만

아침나절 미지근한 물로 씻던 샤워는

따뜻한 물로 바뀐 지 며칠 되었다.

우리 주변에 가을이 성큼성큼 다가오는 소리가 들리는 듯한데

올해는 풍성한 가을을 노래 부르기는 쑥스럽다.

코로나 때문이다.

내일부터 추석 연휴가 시작되는데 5일 동안 제법 긴~ 연휴다.

평년 같으면 시장도 사람들로 많이 붐빌 터인데

호수공원 새벽 시장은 그렇지 않다.

모두 대형 마트로 가는지

아니면 코로나로 인해 서로 만나지 못한다는 걸 알아서

추석 준비에 소홀해진 탓일까?

오늘 쓰레기 분리수거장에 갔었는데

여기도 예년과는 다르다.

명절 때만 되면 쌓이던 빈 선물상자들로

몸살을 앓던 쓰레기장이 어쩌면 이렇게 텅 비었을까?

일꾼들이 미리미리 정리한 탓도 있지만

추석이 코앞인데 텅 빈 수거장은 옛 모습을 잃었다.

지난해만 해도 이렇지는 않았다.

코로나 방역 지침 때문에 오가던 집안 식구들이 줄었고

코로나로 어울려 명절을 즐길 만한 분위기도 아니기 때문이다.

며칠 전에 사위가 20만 원을 놓고 가면서

올해 추석에는 찾아뵐 수 없단다.

하루에도 100여 개의 점포가 셋돈을 감당하지 못하고

문을 닫는다는 뉴스를 접하며 스산한 느낌마저 든다.

생활고를 견디지 못하고 유명을 달리한 소상공인의 빈소 앞에서

유가족의 절규가 울려 퍼지는 가운데

경찰과 시위자들이 대치하여 긴장감을 불러오는 현실에

즐거운 추석 명절을 이야기하는 것은 사치의 극치다.

조용히 물러나 오는 추석 명절은

기도하는 마음으로 보내야 할 것 같다.

가을이 오는 길목은 벌써 겨울을 예감한 듯

서늘함보다 삭막한 느낌이다.

잔잔한 호수가 비어 있는 벤치를 찾아
푹~ 쉬는 추석 명절이 될 것 같구나.

언제쯤 일상으로 돌아올까?

노년의 삶 — 장미꽃 여덟 송이

오늘 일산호수공원 산책길에 장미꽃 여덟 송이를 샀다.

아내의 나이가 희수를 지나 내년이면 팔순이 되기 때문이다.

우연한 기회일까?

여래사 새벽 기도를 마치고 귀갓길에 집 앞에서

호수공원으로 산책하러 가는 아내를 만났다.

반가운 마음에 와락 껴안고 싶은 마음도 있었지만

산수를 지낸 지 2년이나 지난 나이에

낯 뜨거운 몸짓이 어울릴 턱이 없어

내가 매일 가는 산책길(호수누리)을 버리고

아내와 함께하기로 하였다.

오늘은 결혼 55주년 기념일인데

새벽 침대 머리에 앉아 '판피린'을 청하더니

난데없이 돌아가신 친정아버지 생각이 난다며 넋두리다.

네이버에 '아빠 생각'을 검색해 보았다.

김인경 씨 작사, 김숙경 씨 작곡의
〈아빠 생각〉이라는 동요가 떴다.

아내에게 읽어 주었다.

봄이 오니 제비도 돌아왔건만
멀리 떠난 우리 아빠 언제 오시나.
기적 소리가 울릴 때면 설레는 이 마음
아아, 우리 아빠 보고픈 우리 아빠

마포 공덕동 기찻길 옆에서의 신혼생활과
가족을 떠나 이국땅 중동에서 설레는 가슴으로 지내던
옛 생각이 떠올라 나도 동요의 가사에
울컥한 감정으로 푹 빠져 버렸다.

이와 함께 떠오르는 생각들은
결혼 전날 기찻길 옆 처가에 친구들이 '함'을 메고 와
"함 사세요~ 함 사세요~" 외치던 음성이 귓전을 스쳐 가고

가난했던 살림에 귀했던 비행기 표를 구하여

신혼여행지까지 보내 주었던
백 형과 중 형이 영상처럼 스쳐 지나간다.

아이들 앞에서
"55년간 함께하면서 지금까지 꽃 한 송이 받아보지 못했다."라는
아내의 푸념이 떠올라 큰마음으로 장미꽃을 샀다.

아무쪼록 이 여덟 송이 장미꽃이 그동안 아내에게 건네주었던
다이아몬드 반지나 롤렉스 시계보다
더 값진 선물이 되기를 빌어 보았다.

그런데, 아내에게 바치는 이 장미 여덟 송이가
나에게 왜 이렇게 어색하고 쑥스럽게 느껴질까?

내 인생에 찾아왔던 큰 행운이
아내와 세 아이를 만난 순간이었는데~

아내에게 먼저 집으로 간다는 말을 남기고
장미꽃 감춰 들고 오는 길에
'과연 내가 변하고 있는가?' 의심해 본다.

장미꽃 여덟 송이를 꽃병에 꽂아

조반상을 준비하기 위해 분주할 아내의 근처에 올려놓고

모른 척 시치미를 떼고 샤워장에 들어갔다.

나이 산수가 가깝도록 돌아가신

아빠의 울타리 안에서 지내 온 아내에게

결혼 55주년 기념일은 어떤 의미일까?

내가 돌아가신 아빠를 잊을 수 있도록

충분한 사랑을 주지 못했나 보다.

아쉬움이 남는 대목이다.

그저께 서울대병원에 다녀온 아내가

오랫동안 건강하게 생활해 줬으면 하는 바람이다.

국보 40호

통일신라 시대

정혜사지13층석탑

" 공든 탑은
　　　무너지지 않는다 „

에필로그

직장 구하기가 쉽지 않다.

경영진단사 시각에서 사회를 관조하고
2030 젊은이들이 방황하지 아니하고
'내가 좋아하고, 하고 싶은 일'을 하면서
사회 각 분야에서 어떻게 나라 발전에 기여할 수 있는가
생각해 보는 기회를 가졌다.

이달 9월 셋째 주 토요일이 '청년의 날'이다.

오랜 사회 경험을 토대로
젊은이들에게 알려 주고 싶은 몇 가지를 정리해 보았다.

2030 젊은이들이 저마다의 계획을 잘 실행한다면
각 분야에서 나라 발전에 크게 이바지할 수 있기 때문이다.

나에게도 자라나는 손자들이 더러 있다.
그들에게 들려주고픈 마음도 여기에 함께 담았다.

오늘로 이 글이 끝난 것은 아니다.

경영인의 바람직한 자세는 앞으로 더 이어질 예정이다.

책이 두꺼워지면 읽기 부담스럽기 때문이다.

물론, 부담스러워도 읽어야 할 전문 서적도 있지만.

2030 청년들이 내 뜻대로 성공하여

활기차고 즐겁게 살아가는

세상이 오기를 바라는 할아버지의 마음이다.